페르디난드 마르코스
 니콜라이 차우셰스쿠
 이디 아민
 폴 포트

 호르헤 라파엘 비델라
 피델 카스트로
 호스니 무바라크
 모부투 세세 세코

 사담 후세인
 무아마르 알 카다피
 김정일
 테오도로 오비앙

독재란
이런 거예요

내일을 위한 책 ❶

독재란 이런 거예요

플란텔 팀 글 · 미켈 카살 그림 · 김정하 옮김 · 배성호 추천

추천의 글

한 권의 책을 통해 새로운 세상과 마주하는 여행을 하는 것은 참 매력적이에요. 바로 이 책이 담긴 '내일을 위한 책' 시리즈가 그렇습니다. 익숙하지만 그간 관심을 기울이지 못했던 우리 사회와 드넓은 세상을 새롭게 보는 길동무가 되어 주는 책이거든요.
사실 이 책은 유럽의 스페인이라는 나라에서 40여 년 전에 처음 나왔어요. 그런데 신기하게도 우리가 발 딛고 살아가는 오늘날 대한민국의 모습뿐 아니라 세계 여러 나라의 모습을 흥미롭게 살펴볼 수 있게 해 준답니다. 책을 펼쳐 보면 눈길을 확 끄는 재밌으면서도 생각을 열어 주는 그림들과 생생하게 마주할 수 있기 때문이에요.
그림과 함께 어우러진 글을 읽노라면 어느새 우리가 낯설게만 느꼈던 독재, 민주주의, 사회 계급, 여자와 남자(양성평등)라는 주제가 쉽고 재미있게 다가옵니다. 그런데 이 주제들은 책 속에서만 마주하는 이야기가 아니랍니다. 바로 지금 친구들과 함께하는 교실 속에서, 또 가족과 함께하는 집에서 언제든 마주할 수 있는 일들이지요.
친구들과 함께 놀 때 누군가의 의견만을 따른다면 기분이 좋지 않을 수 있어요. 서로 의견을 모아서 즐겁게 함께 할 것을 생각하면 좋지만, 힘이 세다는 이유만으로 같이 할 놀이가 결정되면 기분이 좋지 않을 수 있지요. 가족과 함께 외식이나 여행을 갈 때도 마찬가지예요. 서로 의견을 모아서 장소를 정하고 메뉴를 정한다면 훨씬 재밌으면서도 기분이 좋을 것 같아요.

그리고 남자라는 이유로, 또 여자라는 이유로 차별하는 것은 잘못된 생각이에요. 하지만 생활 속에서 종종 '남자가, 여자가'라는 말을 하면서 알게 모르게 여자와 남자에 대한 편견을 갖고 있는 경우도 있어요. '흙수저', '금수저'라는 말처럼 어떤 집에서 태어났느냐에 따라서 차별을 하고 또 새롭게 도전을 할 수 있는 기회마저 주지 않는 것도 바람직하지 않아요.

이 책에서 다루는 주제들은 사람들이 더불어 행복하게 살아가기 위해서 꼭 필요한 내용들이에요. 힘센 사람이 제멋대로만 해서도 안 되고, 신분이 높다고 해서 또 남자라고, 여자라고 해서 차별하는 것도 바람직하지 않아요. 민주주의를 열어 가기 위해서는 생활 속에서 다름을 인정하고, 서로 의견을 모으고 존중하는 것이 필요합니다.

이 책을 읽으면서 여러분들이 만들어 가고 싶은 내일은 어떤 모습인지 떠올려 보면 어떨까요? 여러 뜻 빛깔을 머금은 주제별 그림들을 보는 것만으로도 좋지만, 함께 곁들인 글들을 보고 있노라면 시공간을 넘나드는 이 책의 매력에 흠뻑 빠져들 수 있거든요. 그럼 흥미진진한 책 속 그림과 글들을 읽으면서 자연스럽게 우리가 꿈꾸고 만들어 가고 싶은 세상을 찾아 떠나 볼까요.

배성호 전국초등사회교과모임 공동 대표

독재는 받아쓰기 같아요.
한 사람이 해야 할 것을 말하면
다른 사람들은 그 말대로 해야 하거든요.

나는 복종해야 한다

독재자는 명령하는 사람이에요.
자기 스스로 모든 것의 주인이라고 정했어요.

독재자를 지지하는 사람은 얼마 되지 않아요.
대부분의 사람은 지지하지 않지요.

아침을 먹는 동안, 총리가
나라에서 일어난 모든 일을 이야기해 줘요. 하인처럼요.
아니, 몇 가지만 이야기해요. 독재자가 싫어하지 않을 일만요.

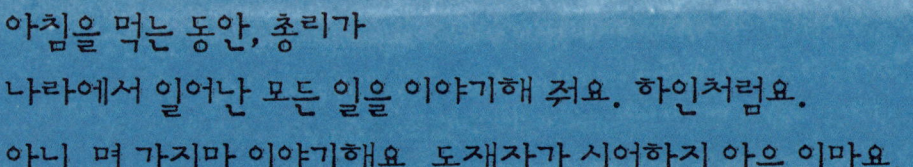

독재자는 명령하면서 하루를 보내요.

이런 법을 만들어라.
이런 상을 주어라.
이런 벌을 주어라…….

독재자는 큰 행사를 좋아해요.
건물, 운하, 다리 들을 건설하는 것도 좋아해요.
독재자는 아주아주 큰 것들을 좋아하거든요.

대형
박물관

독재 정권에서는 독재자가 허락한 것만 생각할 수 있어요.

때로는 나라를 떠나야 하는 일도 생겨요.
혼자서 독재자에 맞서긴 힘드니까요.

이렇게 독재자가 가장 강한 사람이 되어요.
가장 똑똑하고 가장 훌륭하고 가장 높은 사람이 되어요.

독재자에게는 친구가 없어요. 다른 사람을 사랑하지 않거든요.
자신이 가장 똑똑하고 가장 높고 가장 잘났다고 생각해요.

하지만 독재자의 친구가 되려는 사람도 있어요.
자신의 이익을 위해서 독재자 편을 들어요.
그렇게 하면 계속 잘살 수 있으니까요.

독재자는 자기편 사람에게는 관대해요.
가끔 땅을 선물로 주기도 하고 상을 주기도 해요.
알고 보면 다 남의 것이지만요.
사실은 국민 모두의 것을 빼앗아 주는 거예요.

독재자는 곧 법이에요. 독재자만이 법을 만드니까요.
독재자는 곧 정의예요. 독재자의 친구만이 판사가 될 수 있으니까요.

독재자는 군대에도 명령을 하고 학교에도 명령을 해요.
공장에도, 농촌에도, 회사에도 명령을 해요.

그렇게 해야 나라 전체가 조용해진다고 생각해요.
아무도 불평하지 않고 아무도 저항하지 않으니까요.

독재자는 자기 나라를 매우 자랑스럽게 여겨요. 자기가 주인이니까요.

그러는 동안 사람들은
지치고, 공포에 떨고, 가난해져요.

사람들은 시키는 대로 묵묵히 일하지만
생각이 없는 건 아니에요.

생각을 하면서, 많은 것을 깨닫게 되어요.

하지만 독재자에 맞서서 싸울 수가 없어요.
돈과 무기와 땅이 모두 독재자의 것이니까요.

사람들까지도요.

독재는 독재자가 죽어야 끝이 나요.
어떤 때는 죽임을 당하기도 해요.

혹은 강제로 쫓겨날 때도 있어요.

독재의 역사가 끝이 나면,
곧바로 새로운 역사가 시작됩니다.

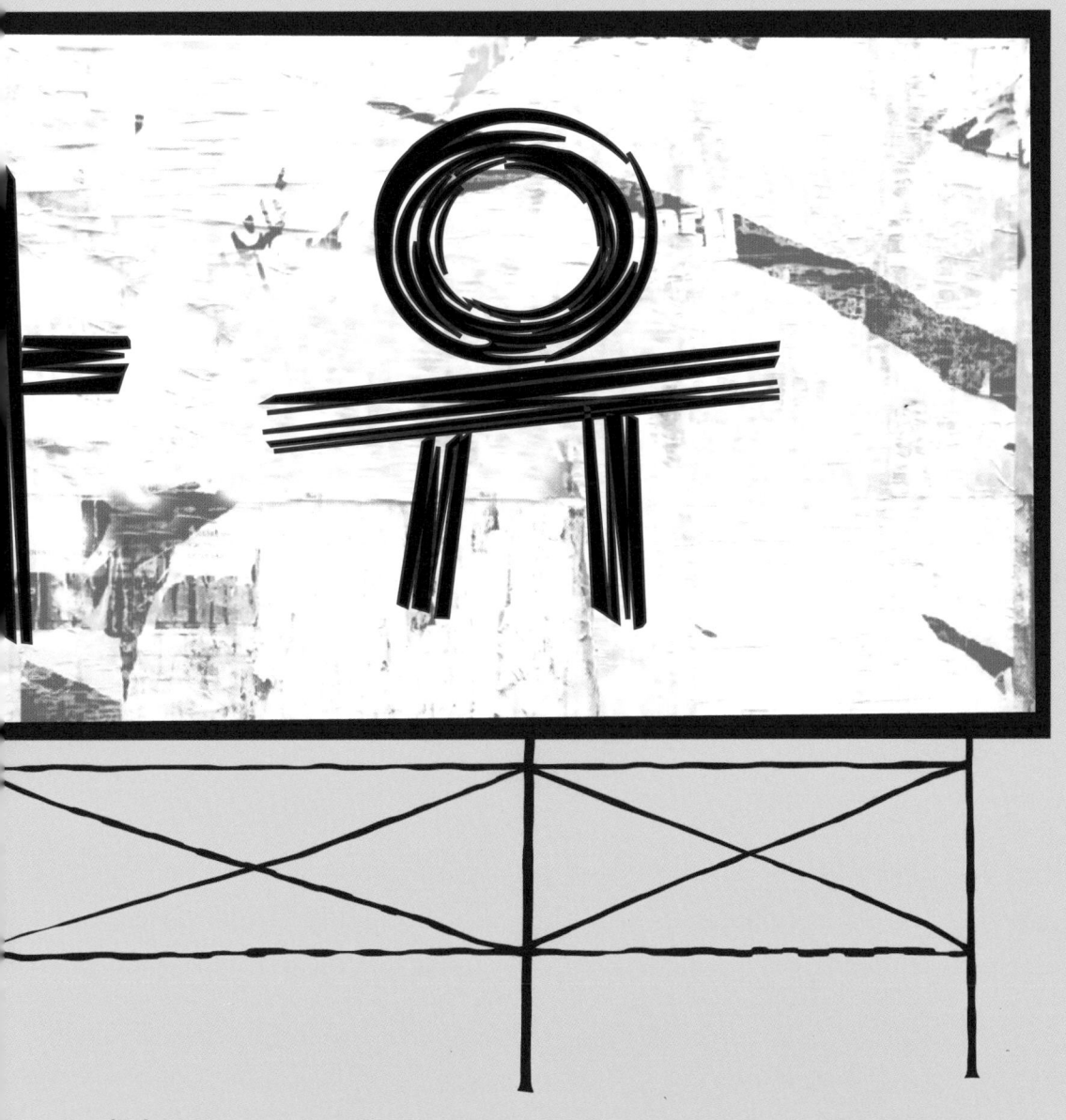

독재에 대해 생각해 보기

1. 독재자란 무엇인가요?

    가. 공정한 통치자

    나. 힘으로 지배하는 폭군

    다. 국민에 의해 선출된 사람

2. 독재자의 정부를 왜 독재 정권이라고 부르나요?

    가. 국민들 각자가 자신이 원하는 것을 하기 때문에

    나. 독재자가 원하는 것만을 하기 때문에

    다. 노동자가 명령을 하기 때문에

3. 독재 정권에서 마음에 들지 않는 점은 무엇인가요?

    가. 독재자가 모든 것을 결정하는 점

    나. 정당이 없는 점

    다. 국민의 의견을 고려하지 않고 국민을 함부로 다루는 점

4. 독재 정권에서 사람들이 행복하게 살 수 있다고 생각하나요?

    왜 그렇게 생각하나요?

5. 혹시 주위에 독재자 같다고 생각하는 사람이 있나요? 왜 그렇게 생각하나요?

6. 우리 역사나 세계 역사 속에서 독재자를 찾아보고, 여러분의 느낌을 써 보세요.

독재의 어제와 오늘

이 책이 처음 나왔던 40여 년 전에는 전 세계에 40개 정도의 독재 국가가 있었어요. 2015년에는 36개 정도로 줄어들었고요.

독재 국가는 왕이 국가의 모든 권력을 쥐고 있는 절대왕정이거나 국민의 대표자들로 이루어진 의회가 없는 나라예요. 선거권을 가진 국민들이 자기 생각에 따라 자유롭게 투표할 수 없는 나라들이지요. 40년 전에는 독재 국가의 대부분이 아메리카 대륙에 있었고 유럽에도 몇몇 국가가 있었어요. 오늘날에는 주로 아프리카와 아시아에 독재 정권이 있어요.

그런데 독재 국가의 수가 줄어든 것만 보고 좋은 소식이라고 할 수는 없어요. 독재 정부라고 불리지는 않지만 독재와 큰 차이가 없는 정부도 많거든요. 별로 엄하지 않은 독재라고 할 수 있는데, 국민들에게 부분적으로 자유를 주고 정권에 반대하는 사람들을 심하게 벌주지 않기 때문이에요.

민주주의라는 이름을 사용하면서 독재와 비슷한 특징을 갖고 있는 경우도 많이 있어요. 권력자들이 속임수를 써서 선거를 부정한 방법으로 치르거나 부패가 널리 퍼져 있는 경우, 인권이 존중되지 않는 경우, 법이 국민을 위해 존재하지 않는 경우, 국민이 뽑은 대표자가 자신이 봉사해야 할 국민들에게 충분한 설명을 하지 않는 경우 들 말이에요.

나랏일이 투명하게 이루어지지 않고, 국민들이 나랏일에 참여하고 권리(고발할 권리도 포함)를 자유롭게 행사할 수 없다면 그건 진정한 민주주의라고 할 수 없어요. 그저 권위적인 정부와 불만 가득한 국민들에 지나지 않는 거예요.

그림 **미켈 카살**

1965년 스페인 산세바스티안에서 태어남

먼 나라 페루를 포함해서 수많은 나라의 신문과 잡지에 그림과 만화를 그렸습니다. '내일을 위한 책' 시리즈의 네 명의 화가 중에서 유일하게 독재 국가에서 살았던 경험이 있습니다. 어렸을 때의 일이기 때문에 여러 가지를 기억하지는 못하지만, 매우 주의 깊은 어린이였기 때문에 주변의 우울한 공기를 들이마셨다는 것을 알고 있습니다. 어른들의 이야기를 통해서 수많은 사람들이 두려움 속에 살았다는 것을 알게 되었습니다. 그림 그리는 일 외에도 파도타기를 좋아합니다. 아들 텔모와 함께 해변에 나가서 서핑 보드에 몸을 싣고 바람과 바다에 맞서면서 해가 뜨는 것을 바라보곤 합니다. 독재 정권에서 사는 것은 틀림없이 파도를 타는 것과는 정반대되는 일일 것입니다.

글 플란텔 팀
내일의 주인공인 어린이들에게 도움이 되는 책을 만들기 위해 만들어진 기획팀입니다. 1977년과 1978년에 걸쳐 스페인 바르셀로나의 라 가야 과학출판사에서 '내일을 위한 책' 시리즈를 처음 출간하였습니다. 그 당시 스페인은 독재자 프랑코가 사망한 지 몇 년 지나지 않은 시기였고, 민주화를 위한 첫 변화들이 탄생하는 과도기를 겪고 있었습니다. 그러한 시기에, 독재, 사회 계급, 민주주의, 양성평등이라는 사회적, 정치적으로 중요한 주제를 어린이들에게 쉽지만 명확하게 전달하고 어린이들이 만들어가야 할 내일의 사회는 어떠해야 하는지를 진지하게 고민해 보도록 이끌기 위하여 '내일을 위한 책' 시리즈를 기획하고 집필하였습니다. 40여 년 전에 처음 출간된 이 책을 읽으면서 그다지 낯설다는 느낌이 들지 않는다면 그것은 그 내일이 아직도 오늘이 아니기 때문일 것입니다. 아직도 늦지 않았기만을 바랄 뿐입니다.

옮김 김정하
한국외국어대학교와 대학원, 스페인 마드리드 콤플루텐세대학교에서 스페인 문학을 공부했습니다. 스페인어로 된 재미있는 책들을 읽고 감상하고 우리말로 옮기는 일을 하고 있습니다. 옮긴 책으로 《숲은 나무를 기억해요》, 《집으로 가는 길》, 《아버지의 그림 편지》, 《카프카와 인형의 여행》, 《가브리엘라 미스트랄 시리즈》(전4권) 등이 있습니다.

추천 배성호
드넓은 세상에서 아이들이 건강하고 행복하게 성장하길 바라는 초등학교 선생님입니다. 초등 사회교과서 편찬위원, 국립중앙박물관 학교연계교육 자문위원을 지냈으며 지금은 초등 사회교과서 집필 위원과 전국초등사회교과모임 공동 대표, 팟캐스트 〈별별 경제 이야기〉 진행을 맡고 있습니다. 지은 책으로는 《우리나라가 100명의 마을이라면》, 《두근두근 한국사》(공저), 《우리가 박물관을 바꿨어요!》 등이 있습니다.

내일을 위한 책 ❶

독재란 이런 거예요

초판 1쇄 발행 2017년 1월 20일 | **초판 7쇄 발행** 2022년 3월 11일
글 플란텔 팀 | **그림** 미켈 카살 | **옮김** 김정하 | **추천** 배성호
펴낸이 홍석 | **이사** 홍성우 | **편집부장** 이정은 | **편집** 조웅연·박고은·이은경 | **디자인** 나비
마케팅 이송희·한유리·이민재 | **관리** 최우리·김정선·정원경·홍보람·조영행
펴낸곳 도서출판 풀빛 | **등록** 1979년 3월 6일 제2021-000055호
주소 서울특별시 강서구 양천로 583 우림블루나인 A동 21층 2110호 | **전화** 02-363-5995(영업) 02-362-8900(편집) | **팩스** 070-4275-0445
전자우편 kids@pulbit.co.kr | **홈페이지** www.pulbit.co.kr | **블로그** blog.naver.com/pulbitbooks | **인스타그램** instagram.com/pulbitkids

ISBN 978-89-7474-134-1 74300
ISBN 978-89-7474-127-3 (세트)

이 도서의 국립중앙도서관 출판예정도서목록(CIP)은 서지정보유통지원시스템홈페이지(http://seoji.nl.go.kr)와
국가자료공동목록시스템(http://www.nl.go.kr/kolisnet)에서 이용하실 수 있습니다.(CIP제어번호: CIP2016030043)

Original title: **Así es la dictadura**
Copyright ⓒ for the text: Equipo Plantel, 1977
Copyright ⓒ for the illustrations: Mikel Casal, 2015
Copyright ⓒ for the original Spanish edition: Media Vaca, 2015
These books, with illustrations by L.F. Santamaria, were published originally by La Gaya Ciencia in Barcelona in 1977-1978

Korean Translation Copyright ⓒ 2017 by PULBIT Publishing Co.
All rights reserved.
The Korean language edition published by arrangement with
MEDIA VACA through MOMO Agency, Seoul.

이 책의 한국어판 저작권은 모모 에이전시를 통해 MEDIA VACA 사와의 독점 계약으로 도서출판 풀빛에 있습니다.
저작권법에 의해 한국 내에서 보호를 받는 저작물이므로 무단전재와 무단복제를 금합니다.

제품명 아동 도서 | **제조년월** 2022년 3월 11일 | **사용연령** 8세 이상
제조자명 도서출판 풀빛 | **제조국명** 대한민국 | **전화번호** 02-363-5995
주소 서울특별시 강서구 양천로 583 우림블루나인 A동 21층 2110호
KC마크는 이 제품이 공통안전기준에 적합하였음을 의미합니다.

 주 의
종이에 베이거나 긁히지
않도록 조심하세요.
책 모서리가 날카로우니
던지거나 떨어뜨리지 마세요.

베니토 무솔리니

아돌프 히틀러

이오시프 스탈린

아나스타시오 소모사 가르시아

라파엘 레오니다스 트루히요

안토니우 드 올리베이라
살라자르

프랑수아 파파독 뒤발리에

풀헨시오 바티스타

프란시스코 프랑코

마오쩌둥

페르디난드 마르코스

니콜라이 차우셰스쿠